Chiara Lubich
Erst in der Nacht sieht man die Sterne

Chiara Lubich

Erst in der Nacht sieht man die Sterne

Verlag Neue Stadt München · Zürich · Wien

Die Texte sind entnommen aus:
„Alle sollen eins sein. Geistliche Schriften"
(München · Zürich · Wien 1995) sowie
„Alles besiegt die Liebe. Betrachtungen und
Reflexionen" (München · Zürich · Wien 1998)

© Für die italienischen Originaltexte:
        Città Nuova Editrice, Rom

Übersetzung: Stefan Liesenfeld, Marianne Schneppe,
        Margret Simon

Die Deutsche Bibliothek – CIP-Einheitsaufnahme
Lubich, Chiara:
Erst in der Nacht sieht man die Sterne / Chiara Lubich.
[Übers.: Stefan Liesenfeld ...].
- 1. Aufl. - München ; Zürich ; Wien :
Verl. Neue Stadt, 1999
ISBN 3-87996-505-6

1999, 1. Auflage
© Alle Rechte der deutschsprachigen Ausgabe
bei Verlag Neue Stadt, München
Umschlaggestaltung und Satz: Neue-Stadt-Graphik
Druck: MZ-Verlagsdruckerei GmbH, Memmingen
ISBN 3-87996-505-6

Vorwort

„Erst in der Nacht sieht man die Sterne."
Die Nacht hat viele Gesichter. Dunkles und
Bedrohliches verbinden wir mit ihr. Nacht
ist ein Bild für eine Erfahrung, der wir so
wenig entgehen wie dem abendlichen Son-
nenuntergang: die Erfahrung des Schmerzes – in seinen zahllosen Schattierungen.
Wenn wir mit den Schattenseiten des Lebens konfrontiert werden, wenn kleine oder
große Sorgen uns zu schaffen machen – und
davon ist niemand ausgenommen –, dann
werden allerlei Fragen und Gedanken wach:
Musste das sein? Hätte ich doch … Warum
gerade ich …? Ausgerechnet jetzt …
Fragen, Beobachtungen, die auch aufwe-
cken können, die tiefer erahnen lassen, was
das Leben ist und was im Leben zählt.
Doch wie oft wecken sie zu ungelegener
Zeit. Jede Form von Schmerz gleicht einem
nächtlichen Besucher, der die Ruhe stört.

Die Gedanken und Betrachtungen dieses Buches sind eine Einladung, diesen Besuch, wenn er denn nun kommt, zu empfangen. Zuversicht spricht aus den Texten, billiger Trost wäre ohnehin fehl am Platz. Es ist eine Zuversicht, die aus persönlichem Erleben erwachsen ist. Auch aus dem Erleben, dass in manchen Zeiten die Dunkelheit nicht weichen will, dass die Hoffnung auf das Licht eines neuen Tages schwach oder vage ist.

„Erst in der Nacht sieht man die Sterne." – Manches sieht man erst in der Nacht. Im Tageslicht bleibt der Sternenhimmel verborgen, und doch ist er da. Der nächtliche Himmel – ein vielsagendes Bild: für eine neue, ungeahnte Weite, für Licht aus großer Ferne, das den Weg zu uns gefunden hat, für Dimensionen des Lebens, die uns im täglichen Treiben entgehen können. Die Nacht kann auch eine Begegnung mit dem werden, an den spontan unsere Klage, unser Zweifel, unser Warum sich richten.

Im Leiden ist Gott, der so fern scheint, ganz nah – dieses tiefe Vertrauen vermitteln die folgenden Seiten. Es ist nicht machbar. Wir können es uns nur schenken lassen. Vielleicht kommt dieses Geschenk mit dem ungelegenen Besuch?

Stefan Liesenfeld

VERTRAUEN

Die Heilige Schrift sagt:
„Werft alle eure Sorge auf ihn."
(1 Petr 5,7)

Alle – auch die eigene ...

In Gottes Hand

Oft überkommen uns
sorgenvolle Gedanken,
was wohl die Zukunft bringen mag.
Doch „jeder Tag hat genug eigene Plage"
(Mt 6,34).

Morgen beginnt ein neues Kapitel,
und dahinein gehört die Plage
des morgigen Tages.
Es gibt eigentlich keinen Grund
zu quälender Sorge;
denn alles liegt in Gottes Hand.
Er wird nicht zulassen,
dass etwas anderes geschieht
als sein Wille,
und der dient immer
zu unserem Besten.

Wenn der rote Faden gerissen scheint

Ein plötzliches Unglück erinnert uns
an das Schriftwort:
„Windhauch, Windhauch,
das alles ist Windhauch" (Koh 1,2).
Wir merken:
Alles ist vergänglich:
die Geschöpfe,
Gesundheit, Schönheit, Besitz.
Gott allein bleibt.

Die Erfahrung der Vergänglichkeit:
ein Anstoß,
uns neu für ihn, unser Ein und Alles,
zu entscheiden
und zu leben,
wie er es uns aufgetragen hat:
zu lieben.

Wenn wir lieben, geht uns vieles auf.
Langsam entdecken wir wieder
den roten Faden in unserem Leben,
der gerissen schien.

In unserem Leben mag es
Brüche und Risse geben.
Gott aber, der das Leben ist, bleibt.
Und bleibendes Leben hat,
wer in ihm bleibt,
wer das eigene Leben
immer wieder in seine Hand legt.

Das Leben ist hart . . .

Jesus lädt uns ein:
„Kommt alle zu mir, die ihr euch plagt
und schwere Lasten zu tragen habt.
Ich werde euch Ruhe verschaffen."
(Mt 11,28)

Diese Worte tun gut.
Die Evangelien,
die Bücher der Heiligen Schrift
sind auch Bücher des Trostes,
und es wäre falscher Stolz,
ja unmenschlich, dies zu bestreiten ...

Geben wir ruhig zu,
dass wir leiden, jeder von uns.
dass das Leben hart ist.
Ruft dieser Schmerz
nicht nach einem Tröster?

14

Ja, das Leben ist hart;
doch Gott, der Liebe ist, weiß es.

Er schenkt Hoffnung
und trägt Sorge für uns – von jeher:
Denken wir nur daran,
dass er uns den Messias verheißen hat
und dass der Messias gekommen ist,
als die Zeit erfüllt war.
Wer glaubt, findet darin Antwort;
die Härte des Lebens
wird mehr als aufgewogen.

Nur heute

Der Herr rechnet nie,
doch wenn es um den Schmerz geht,
gilt das Wort Jesu:
„Jeder Tag hat genug eigene Plage."
(Mt 6,34)

Denken wir, seinem Willen entsprechend,
nur an die Sorge von heute,
und wir werden feststellen,
dass Gott nicht täuscht:
Schwierigkeiten,
denen wir voller Sorge entgegensahen,
sind oft schon am nächsten Tag
nicht mehr da.

Ja zu unserem Weg

Gott kennt den Weg, den wir Augenblick für Augenblick zu gehen haben.

Für jeden von uns hat er eine himmlische Bahn bestimmt, auf der sich der Stern unserer Freiheit bewegt, wenn er sich dem überlässt, der ihn geschaffen hat. Unsere Bahn behindert keine andere Bahn, unser Leben steht nicht im Gegensatz zum Weg von Milliarden anderer Menschen, die Kinder des Vaters sind wie wir. Unser Stern kreist im Einklang mit all den vielen an einem Firmament, das heller glänzt als der Sternenhimmel, weil es ein Firmament des Geistes ist.

Gott soll unser Leben bewegen und in ein göttliches Abenteuer hineinziehen, das wir nicht kennen.

Als Zuschauer und Akteure zugleich können wir in diesem wunderbaren Spiel der Liebe

einen Augenblick nach dem anderen unseren freien Willen einbringen.
Wir können ihn einbringen! Nicht: Wir müssen es, oder noch schlimmer das resignierte „Es bleibt uns doch nichts anderes übrig".

Gott ist Vater, er ist die Liebe.
Er ist unser Schöpfer,
unser Erlöser,
der Vollender.
Wer weiß besser als er,
was gut für uns ist?

Realistisch und zuversichtlich

„Bedrängnis bewirkt Geduld,
Geduld aber Bewährung,
Bewährung Hoffnung.
Die Hoffnung aber
lässt nicht zugrunde gehen."
(Röm 5,3-5)

Welche Zuversicht weckt dieses Wort!
Ja, man kann es nachvollziehen:
Es ist das Gesetz christlichen Lebens.
Wenn wir in der Bedrängnis des Alltags
geduldig die Liebe üben,
wird uns innere Klarheit zuteil,
ein Licht, eine tiefere Erkenntnis,
wie wir weitergehen können.
Wir merken:
Wir brauchen weder den Mut zu verlieren
noch müssen wir uns etwas vormachen;
wir müssen weder niedergeschlagen sein
noch überschwänglich.

So wächst die Hoffnung,
dass uns am Ende des Lebens
das verheißene Erbe zuteil wird,
jetzt aber schon das Hundertfache,
das Jesus den Seinen versprochen hat.

Nöte und Bedrängnisse sehen wir
in einem anderen Licht;
und wir begreifen
den Wert und die Größe der Hoffnung,
die der Liebe so nahesteht.

Nicht von ungefähr fährt Paulus fort:
„Die Hoffnung ...
lässt nicht zugrunde gehen;
denn die Liebe Gottes ist ausgegossen
in unsere Herzen
durch den Heiligen Geist,
der uns gegeben ist."
(Röm 5,5)

Jemand hört uns an

Jesus weiß um alles.
Er liest in allen Herzen,
kennt die Gedanken eines jeden.
Wie tröstlich, dies zu wissen,
wenn wir aus tiefster Seele
unsere Bitten vor ihn tragen ...
Er weiß darum, er vernimmt alles.

Denken wir an die Begegnung zwischen
Thomas und dem Auferstandenen:
Jesus kennt den Thomas genau;
er weiß, dass er den Finger
in seine Nagelwunden
und die Hand in seine Seite legen will ...
Jesus, der Gott ist, weiß um alles.

Was für eine Ermutigung
für den, der betet!
Gott hört uns an.
Das genügt uns.

22

Ob er uns dann erhört oder nicht,
ist etwas anderes;
Gott weiß ja,
was gut für uns ist.

Thomas antwortet Jesus
mit dem wunderbaren Wort:
„Mein Herr und mein Gott!" (Joh 20,28).
Spontan möchte man
es ihm nachsprechen:

„Mein Herr und mein Gott!"

JEMAND TRÄGT MIT

Jeder Schmerz konfrontiert uns
mit der Einsamkeit.

Wenn ein Schmerz das Leben überschattet . . .

Wenn ein Schmerz unser Leben überschattet, werden wir unwillkürlich wieder in die Realität versetzt. Und zwar auch in jene göttliche Wirklichkeit, die unser Leben umfängt. Gerade in solchen Zeiten fällt es leichter, zu Gott zurückzukehren, falls wir uns etwas von ihm entfernt haben sollten. Solange alles gut geht, lassen wir uns schnell vom Vergänglichen täuschen.

Allerdings kann es auch geschehen, dass ein Schmerz uns mit einer solchen Bitterkeit erfüllt, dass wir nicht mehr sehen, wie viele Gaben Gott uns tagtäglich schenkt. Und das wäre nicht gut. Soweit es in unseren Kräften steht, sollten wir uns den Blick für seine Geschenke nicht verstellen lassen; denn als Christen ist uns doch schon in diesem Leben das Hundertfache verheißen, wenn auch unter Verfolgungen (vgl. Mk 10,30).

Gott möchte, dass wir ihm für das Hundertfache danken, aber auch für das Schmerzliche. Für beides soll in unserem Herzen Platz sein.

Machen wir uns also bewusst, dass das Kreuz wesentlich zu unserem Leben dazugehört. Wenn wir es bereitwillig bejahen, wird der Schmerz an Härte verlieren, er wird zur „leichten Last" (vgl. Mt 11,30) und bekommt den rechten Stellenwert. Wir müssen ihn ja nicht allein tragen: Gott trägt ihn mit uns.

Dann werden wir auch das Schöne und Tröstliche, das unsere alltägliche Mühsal begleitet, wahrnehmen und uns daran freuen können. Dem Schmerz freilich kommt eine wichtige Aufgabe zu: Er kann uns helfen, im Göttlichen zu leben.

Auf Hilfe angewiesen

Wenn wir auf Hilfe angewiesen sind,
können wir uns gedemütigt fühlen.
Eigentlich müsste das nicht sein.
Beim Jüngsten Gericht wird Jesus sagen:
„Ich war krank,
und du hast mich besucht ...
Ich war gefangen, war nackt,
war hungrig ..." (vgl. Mt 25,35-36).
Jesus selbst verbirgt sich
gerade im Leidenden und Bedürftigen.

Seien wir uns also auch
in einer solchen Lage
unserer Würde bewusst!
Und danken wir aus ganzem Herzen
denen, die uns beistehen.

Unser tiefster Dank freilich
soll Gott und Christus
vorbehalten sein:

Gott, der den Menschen
ein Herz gegeben hat,
das lieben kann.

Christus,
der durch seine Hingabe am Kreuz
die Frohe Botschaft und vor allem
„sein" Gebot der gegenseitigen Liebe
besiegelt hat.
Das hat zahllose Menschen
dazu bewogen,
füreinander dazusein.

Ehrfurcht vor jedem Leidenden

Wer sich im Dunkel befindet und leidet,
sieht weiter als einer, der nicht leidet:
Die Sonne muss untergehen,
damit man die Sterne sieht.

Im Leiden kann man manches lernen,
was sich auf keine andere Weise
erlernen läßt.
Das Leid hat den höchsten Lehrstuhl inne,
ist Lehrer der Weisheit.
Wer aber die Weisheit hat,
ist selig (vgl. Spr 3,13).

„Selig die Trauernden;
denn sie werden getröstet werden" (Mt 5,4)
– nicht erst im Jenseits,
sondern schon hier,
durch einen Einblick
in „Dinge des Himmels".

Den Leidenden sollten wir mit derselben,
ja mit noch größerer Ehrfurcht begegnen
als einst den Alten,
von denen man Weisheit erwartete.

Wer nimmt Anteil?

Herr, gib mir alle, die einsam sind ...
Ich habe in meinem Herzen
den Schmerz empfunden,
der dein Herz erfüllt
über alle Verlassenheit,
unter der die ganze Welt leidet.
Ich liebe alle,
die krank und einsam sind.
Wer tröstet ihre Tränen?
Wer nimmt Anteil
an ihrem langsamen Sterben?
Wer nimmt sich ihrer Verzweiflung an?

Mein Gott, lass mich in der Welt
sichtbares Zeichen und Werkzeug
deiner Liebe sein,
deine Arme, die alle Einsamkeit der Welt
an sich ziehen
und in Liebe umwandeln.

Kostbare Perle

Die „kostbare Perle" (vgl. Mt 13,45f) –
ist das nicht Christus selbst,
der sich „entäußerte" und erniedrigte
bis zum Tod am Kreuz (vgl. Phil 2,7f),
er, der Gekreuzigte,
in seiner völligen Armut,
in der totalen Leere?

Wenn wir ihn in uns leben lassen,
sind wir ganz Liebe.
Nicht mehr wir leben,
sondern er in uns (vgl. Gal 2,20).
So kann Gottes Wille
in uns Gestalt annehmen;
wir leben nicht für uns selbst,
sondern versuchen,
für die anderen Liebe zu sein.
Wenn wir innerlich frei und offen sind,
können sie bei uns abladen,
wovon ihr Herz voll ist.

Wer so seine Ängste,
seine Nöte und Sorgen ablegen konnte,
fühlt sich oft befreit,
öffnet sich vielleicht sogar
für Gottes Liebe.
Wenn wir dann diesen Samen säen,
wird er auf guten Boden fallen.
So breitet sich das Reich Gottes aus,
das einzige, das sich entfalten muss
und um dessen Kommen
wir täglich bitten.

Die Kraft der Liebe

Hast du nie beobachtet,
wie unter den Strahlen der Frühlingssonne
auf einer verlassenen Straße
junges Grün hervorsprießt
und unaufhaltsam wieder Leben erblüht?

So ist es mit den Menschen
um dich herum,
wenn du ihnen nicht nur oberflächlich
begegnest,
sondern sie aufrichtest
mit der göttlichen Kraft der Liebe.

Gottes Liebe in dir ist wie eine Sonne,
die unaufhörlich Leben neu erblühen lässt.
Sie ist der lebendige Eckstein,
der dein Leben trägt.
Mehr braucht es nicht,
um die Welt zu heilen
und Gott zurückzuschenken.

Loslassen lernen

Wenn das Leid einmal
einen Höhepunkt erreicht,
wenn sich alles in uns
dagegen auflehnen will,
weil sogar die Frucht unseres Leidens
unseren Händen entgleitet
und unserm Herzen entrissen scheint,
dann wollen wir
an Maria unter dem Kreuz denken.

In solchen schmerzlichen Momenten
werden wir ihr ein wenig ähnlich.
Und sie nimmt Gestalt an in uns:
Maria, die allen Mutter wird,
von der Gott wollte,
dass sie sich von allem löste,
sogar von ihrem göttlichen Sohn.

Jesus im Blick

Es widerstrebt
der menschlichen Natur,
einen Schmerz anzunehmen ...
Erinnern wir uns: Als Christen
haben wir uns nicht so sehr
für das Kreuz entschieden
als vielmehr für Jesus,
den Gekreuzigten.

Du am Kreuz

Was wäre unser Leben,
wenn wir nicht auf dich blickten,
der du auf wunderbare Weise
alle Bitterkeit in Freude verwandelst,
auf dich am Kreuz, der du schreist,
ausgespannt zwischen Himmel und Erde,
bewegungslos,
wie lebendig begraben.
Zur Kälte geworden,
hast du dein Feuer auf die Erde geworfen;
zu Tode erstarrt,
hast du uns
dein unendliches Leben geschenkt,
damit wir es jetzt leben,
trunken vor Freude.

Uns genügt, zumindest ein wenig
dir ähnlich zu sein,
unseren Schmerz mit deinem zu vereinen
und ihn dem Vater zu schenken.

Deine Tränen

Jesus wurde „innerlich erregt",
er „weinte".
So steht es im Evangelium (Joh 11,35.38).

Herr,
dein Weinen tröstet uns.
In deinen Tränen
finden wir die unseren wieder.
Du wirst Mitleid haben mit uns,
mit unserem Weinen;
denn du hast ja selbst geweint.
Wo du Tränen siehst,
findest du dich wieder.

Stummer Schmerz

Wenn wir uns eines Tages
unnütz vorkommen sollten,
nirgends hingehörig,
abgeschrieben,
wenn dies unserem Verstand
absurd erscheint
und unser Herz
zu Recht sich aufbäumt,
dann können wir
an Jesus in seiner Verlassenheit denken.

Auch unser stummer,
namenloser Schmerz
ist enthalten
in den zahllosen Schattierungen
seines Schmerzes.

Zur Untätigkeit verurteilt?

Wenn du leidest
und dein Leiden so groß ist,
dass es dich an jeder Tätigkeit hindert,
dann denke an die Eucharistie:
an Jesus,
der im Augenblick seiner Hingabe
nicht arbeitet und predigt,
sondern sich schenkt – aus Liebe.

Im Leben kann man vieles tun
und vieles sagen,
doch die Stimme des Schmerzes,
stumm vielleicht
und von keinem beachtet,
aber aus Liebe geschenkt,
ist das eindringlichste Wort:
Es erschüttert den Himmel.

Wenn du leidest,
versenke deinen Schmerz in seinen ...

Wenn andere das nicht verstehen,
lass dich nicht verwirren.
Jesus, Maria und die Heiligen
verstehen dich, das genügt.
Lebe mit ihnen, gib dein Blut
zum Segen für die Menschheit –
wie Jesus.

BEGEGNUNG

Welche Wüste umgibt uns manchmal ...
Doch wenn du da bist,
finden wir uns wieder
in einem Meer des Friedens.

Du bist da!

An vielen Orten
habe ich dich gefunden, Herr!

Ich spürte deine Nähe
in der Stille einer Bergkapelle,
vor dem Tabernakel
im Halbdunkel einer leeren Kathedrale,
in der Einmütigkeit einer Gemeinde,
die dich liebt
und die Gewölbe deiner Kirche
mit ihren Liedern und ihrer Liebe erfüllt.
Ich fand dich in der Freude,
ich sprach mit dir
jenseits des Sternenhimmels,
wenn ich am Abend nach der Arbeit
schweigend nach Hause ging.

Ich suche dich
und finde dich oft.
Immer aber finde ich dich im Schmerz.

Ein Schmerz, gleich welcher Art,
ist wie der Klang einer Glocke,
die den zum Gebet ruft,
der den Herrn zum Bräutigam hat.

Wenn der Schatten des Kreuzes naht,
sammelt sich meine Seele
im Tabernakel meines Innern.
Sie vergisst den Klang der Glocke;
dich sieht sie, mit dir spricht sie.
Du bist es, der zu mir kommt.
Und ich antworte dir:
„Herr, da bin ich.
Dich will ich, dich wollte ich."

In dieser Begegnung spürt meine Seele
nicht ihren Schmerz;
sie ist erfüllt von deiner Liebe:
umhüllt von dir, durchdrungen von dir;
ich in dir, du in mir, bis wir eins sind.

Dann öffne ich die Augen
wieder für das Leben,
für jenes Leben,
das nicht das endgültige ist,
und von deiner göttlichen Kraft gestärkt,
stelle ich mich neu in deinen Dienst.

Wie das Läuten einer Glocke

Herr, ich danke dir,
dass du uns im Schmerz besuchst.
Denn wenn uns ein Schmerz trifft,
begegnen wir dir
von Angesicht zu Angesicht.

Wenn der Schmerz groß ist,
richtet sich die Seele auf Gott aus
und sehnt sich nach Vereinigung mit ihm.

Ein nacktes Kreuz,
stürmische Gipfel,
Unwetter ... –
wenn wir darin den gekreuzigten Jesus
als unser Ein und Alles lieben,
finden wir dahinter eine Sonne,
die nicht untergeht:
Gott, die Liebe,
der uns gerufen
und so sehr geliebt hat.

Nicht so sehr den Schmerz

Wer das Kreuz auf sich nimmt
und bejaht,
wie Christus es uns aufgetragen hat,
findet nicht so sehr den Schmerz.

Wer es bereitwillig trägt,
auch wenn es hart ist,
findet vielmehr die Liebe,
er findet Gott.

Neue Ausrichtung

Ich habe bemerkt, dass deine Taktik
einzigartig, aber nicht eintönig ist.
Vielleicht, weil du in dem,
was du tust,
ganz du selbst bist, Herr:
immer neue Liebe.

Dies ist deine Taktik:
Wenn die Seele
sich mit Schatten begnügt –
ich meine nicht das Zwielicht
vergänglicher Dinge –,
wenn sie zwar für dich lebt,
du aber nicht ihr Leben bist,
dann scheint es uns oft so,
als würdest du uns
durch einen Schmerz aufrütteln.

Dann kehrt die Seele zu dir zurück
und spricht ihr Ja.

Manchmal ist dieses Ja begleitet
von einem Gefühl tiefer Dankbarkeit
und eingetaucht in ein besonderes Gebet:

Ja, Herr!
Wenn ich dem Kreuz begegne,
finde ich dich darin.
Danke, dass du mich
zu dir zurückgerufen hast
und nicht nur zu Dingen,
die mit dir zu tun haben.
Denn nichts zieht mich so sehr an
wie das Alleinsein mit dir.
Eines Tages werde ich
zwangsläufig allein vor dir stehen ...
Jetzt aber kann ich mich
in Liebe dafür entscheiden.

Herr, du vermagst alles;
in deinem Namen bitte ich dich
um dieses beständige Gespräch
mit dir, der du in mir lebst,
in dem Ereignisse, Menschen und Dinge
unsere Liebe tiefer werden lassen.

Dies ist wahres Leben:
ein Funke von dir,
Leben ohne Trug,
ohne Enttäuschung,
ohne Stillstand,
Leben, das nicht endet.

Ein Weg durch die Wüste

Herr,
welche Wüste umgibt uns manchmal!
Doch eines Tages
werden wir zu dir kommen;
wir sind unterwegs.
Wie lang der Weg noch ist,
wissen wir nicht.
Aber auf keinen Fall wollen wir leben,
als blieben wir ewig auf Erden.
Jeden Tag gehen wir ein Stück voran;
wir ruhen aus, um uns am nächsten Tag
wieder aufzumachen
und dir immer näher zu kommen,
bis zu der Stunde, die wir nicht kennen ...

Herr,
alles versprichst du dem,
der voll Glauben bittet.

Gib uns,
dass wir an jenem Tag zu dir kommen,
an dem sich deine Pläne mit uns
erfüllt haben.
Und so lass es auch denen ergehen,
die wir lieben,
und allen Menschen.

Lass uns an jenem kostbaren Tag,
an dem das Leben zur Neige geht,
uns alle wiedersehen,
in der ewigen Gemeinschaft mit dir
und mit deiner und unserer Mutter.

Nichts und alles

Wenn unsere Gesundheit
beeinträchtigt ist,
überkommen uns vielerlei Gedanken;
es könnte etwas Harmloses sein,
aber auch etwas Ernsteres;
wir rechnen mit allem,
vielleicht sogar mit der Möglichkeit
eines nahen Todes.

In solchen Momenten
bricht für uns alles zusammen,
doch zugleich kann es auch
eine Begegnung mit dem sein,
der das Alles ist, Gott.

Und in ihm finden wir alles wieder,
was Tag für Tag Ziel und Inhalt
unseres Christenlebens ausmachte.

Es ist ein Licht, das in jeder Situation
Liebe und Lebensfülle schenkt,
selbst in schwerer Krankheit,
bei einer Operation,
im Angesicht des Todes.
So sonderbar es klingen mag –
ich habe es erfahren,
endlich ist es mir aufgegangen:

Das Nichts fällt mit dem Alles zusammen.
Nichts fehlt mir, weil ich jenes Alles habe,
nach dem ich mich so sehr sehne.

VERLASSEN

Jesus rief mit lauter Stimme:
„Mein Gott, mein Gott,
warum hast du mich verlassen?"

Für mich

„Ich lebe im Glauben an den Sohn Gottes, der mich geliebt und sich für mich hingegeben hat" (Gal 2,20).
Was Paulus hier sagt, kann jeder auf sich selbst beziehen: „Für mich" hat Christus sich hingegeben.

Jesus,
wenn du für mich gestorben bist,
wie könnte ich an deiner Großmut
zweifeln?
Wenn ich glauben darf,
dass du, der Sohn Gottes,
für mich gestorben bist,
wie sollte ich nicht alles daransetzen,
um auf diese Liebe zu antworten?

Für mich …
Ein Wort, das die Einsamkeit
der Einsamsten überwindet.

Ein Wort, das jedem Menschen
eine erhabene Würde zuspricht,
gerade den Geringsten und Verachteten.

Ein Wort, das uns ergreift
und mit überströmender Freude erfüllt:
mit einer Freude, die ausstrahlt ...

Für mich ...
Für mich, Herr, all diese Schmerzen?
Für mich dieser Schrei?

Wenn du für mich,
für die vielen gestorben bist,
dann wirst du uns
niemals fallen lassen!
Alles wirst du für uns tun –
schon allein deshalb,
weil du bereits einen so hohen Preis
für uns bezahlt hast!

Du hast mir
das göttliche Leben geschenkt,
wie meine Mutter mir
das menschliche gab.
Allzeit denkst du an mich,
als ob es nur mich gäbe –
und genauso an jeden anderen.
Das gibt uns – mehr als alles in der Welt –
Kraft und Mut, als Christen zu leben.

Für mich ... All das für mich.

Herr, so gib, dass ich in der Zeit,
die mir noch bleibt,
dir sagen kann:

„Für dich!"

Für uns

Damit wir das Licht hätten,
hast du die Dunkelheit erlebt.

Damit wir die Einheit hätten,
hast du die Trennung vom Vater erfahren.

Damit wir die Weisheit besäßen,
bist du „Torheit" geworden.

Damit wir mit Unschuld bekleidet würden,
bist du zur „Sünde" geworden (2 Kor 5,21).

Damit Gott in uns wäre,
hast du die Ferne von ihm erfahren.

Verwandlung

Ich möchte der Welt bezeugen,
dass der verlassene Jesus
jede Leere ausgefüllt,
jede Finsternis erleuchtet,
jede Einsamkeit begleitet,
jeden Schmerz beseitigt
und jede Schuld getilgt hat.

Mein Ein und Alles

„Ich hatte mich entschlossen, bei euch nichts zu wissen außer Jesus Christus, und zwar als den Gekreuzigten" (1 Kor 2,2).

Ich habe nur einen Bräutigam auf Erden:
Jesus in seiner Verlassenheit.
Ich habe keinen Gott außer ihm.
In ihm ist der ganze Himmel
mit der Dreifaltigkeit
und die ganze Erde mit der Menschheit.
Was sein ist, ist darum mein,
sonst nichts.
Und sein ist der Schmerz der ganzen Welt
– und deshalb auch mein.
Ich werde durch die Welt gehen
und ihn suchen
in jedem Augenblick meines Lebens.
Was mir weh tut, ist mein.
Mein ist der Schmerz,
der mich im Augenblick trifft.

Mein ist der Schmerz
der Menschen neben mir.
Mein ist alles, was nicht Friede, Freude,
was nicht schön, liebenswürdig,
heiter ist ... –
kurz: all das, was nicht Paradies ist.
Denn auch ich habe mein Paradies,
doch es ist das Paradies
im Herzen meines Bräutigams.
Ein anderes kenne ich nicht.

So werde ich durch die Jahre gehen,
die mir bleiben:
dürstend nach Schmerz, Angst,
Verzweiflung, Schwermut, Trennung,
Verbannung, Verlassenheit
und innerer Qual,
nach ... allem, was er ist,
und er ist die Sünde (vgl. 2 Kor 5,21).

So trockne ich das Wasser der Trübsal
in den Herzen vieler, die mir nahe sind,
und durch die Gemeinschaft
mit meinem allmächtigen Bräutigam
auch in denen, die fern von mir sind.
Ich werde vorübergehen wie Feuer,
das verzehrt, was vergehen muss,
und nur die Wahrheit bestehen lässt.
Ich will sein wie er:
Jesus der Verlassene
im gegenwärtigen Augenblick des Lebens.

ZEIT DES REIFENS

Zum Feuer der Liebe
kommt man nur
durch das Eis
des Schmerzes.

Durchgang

Unter einer Schneedecke verborgen,
reift das Weizenkorn
zu neuem Leben.

Von Verlassenheit umhüllt,
reift die Seele
in ihrer Einheit mit Gott.

Selbst unter Tränen

Erst in der Nacht sieht man die Sterne. Ähnlich ist es, wenn wir – zumal für längere Zeit – ein Kreuz, einen Schmerz zu tragen haben: Dann sehen wir klarer.

Solange alles gut geht, machen wir uns leicht irgendwelche Illusionen ... Wir gestehen uns dieses und jenes zu, suchen Anerkennung und bilden uns dabei womöglich ein, alles für Gott und zu seiner Ehre zu tun. Doch so manches in unserem Leben, das wir ihm darbringen möchten, ist Schall und Rauch.

Wenn uns hingegen ein Schmerz heimsucht, der nicht enden will, kann uns aufgehen, was große Christen meinten, wenn sie von einem Leben im Verborgenen, von Selbstverleugnung und Aufrichtigkeit vor Gott und den Menschen sprachen. Und womöglich verspüren wir sogar Dankbarkeit gegenüber dem, der den Schmerz zulässt.

So kann ein Kreuz eine Hilfe sein, den richtigen Weg zu finden. Die Wurzeln, aus denen das Leben erwächst, werden gestärkt und verheißen eine neue Blüte. Ja, wir beginnen zu ahnen:

Die Seligpreisungen sind mehr als ermutigende Zukunftsverheißungen. Sie sind wahr. Wer weint, kann auch im Weinen eine Art Seligkeit erfahren – nicht die Seligkeit, die kommen wird, aber doch eine Vorahnung.

Die Wurzeln

Der Durchmesser einer Baumkrone
entspricht häufig
der Ausbreitung der Wurzeln.

Das Herz des Menschen
wird durch die Liebe Christi
weit nach dem Maß des Schmerzes,
den er für ihn erlitten
und ihm dargeboten hat.

Unverhoffter Trost

Manchmal befindet sich der Mensch
in so großen geistlichen Ängsten,
dass er alles schwarz sieht;
alles wird ihm zur Qual.
Kein Sonnenstrahl dringt zu ihm durch
und richtet ihn auf ...
Er sieht keinen Ausweg ...

Doch wenn er es am wenigsten erwartet,
offenbart Gott sich ihm ...
Er schöpft neue Hoffnung ...
Gott sagt ihm etwas längst Vergessenes:
Barmherzigkeit, Frieden.

Barmherzigkeit

Wenn wir den Schmerz in seinen schlimms-
ten Formen erfahren und verschiedenste
Ängste durchlebt haben, wenn wir Gott an-
gefleht haben in stummem Schmerz, wenn
selbst die Bitte um Hilfe nicht mehr über
unsere Lippen kommt, wenn wir den Kelch
bis auf den Grund geleert und Gott unser
Kreuz Tage und Jahre hindurch aufgeopfert
haben – mit dem seinen vereint erhält es
göttlichen Wert –, dann erfahren wir Gottes
Barmherzigkeit und fühlen uns geborgen in
ihm.

Wenn wir den einzigartigen Wert des
Schmerzes erfahren haben, wenn wir erlebt
haben, welch fruchtbringende Kraft das
Kreuz birgt, zeigt uns Gott neu und tiefer,
was noch wertvoller ist als der Schmerz: die
Liebe zum Nächsten in der Gestalt der
Barmherzigkeit.

Es ist eine Liebe, die das Herz weit macht und den Armen, den Bettlern, den vom Leben Enttäuschten und reumütigen Sündern beisteht.

Diese Liebe versteht es, jeden Nächsten, der vom Weg abgekommen ist, aufzunehmen ... Sie hört nicht auf, ihm zu verzeihen. Diese Liebe bereitet dem heimgekehrten Sünder ein größeres Fest als tausend Gerechten; sie überlässt Gott Verstand und Güter, damit er dem verlorenen Sohn die Freude über seine Rückkehr zeigen kann. Diese Liebe misst nicht und wird nicht gemessen.

Die Liebe blüht auf: reicher, umfassender und konkreter als je zuvor. Wir beginnen immer mehr zu fühlen, wie Jesus gefühlt hat; in einer Begegnung kann man die göttlichen Worte nachempfinden: „Ich habe Mitleid mit diesen Menschen" (Mt 15,32) ...

Die Barmherzigkeit ist der höchste Ausdruck der Liebe, ihre Erfüllung. Und die Liebe steht über dem Schmerz; denn ihn gibt es nur in diesem Leben, während die Liebe auch im anderen Leben bleibt.
Gott zieht die Barmherzigkeit dem Opfer vor (vgl. Mt 9,32).

Das Paradox des Schmerzes

Unser tagtägliches Tun, die Pflichten des Alltags sind oft mit Mühsal und Last verbunden; manches ist unbequem, kostet Anstrengung und Überwindung. Gerade diese Aspekte sollten wir bewußt ergreifen; denn auch das hat seinen Wert: Wir können es Gott schenken als kostbare Gabe.

Alles, was mit Schmerz zu tun hat, ist von größter Wichtigkeit. Die „Welt" will davon nichts hören, weil sie den Wert nicht kennt, den der Schmerz im Christentum hat, aber auch, weil das Leiden dem Menschen von Natur aus widerstrebt. So flieht sie den Schmerz und verdrängt ihn.

Doch der Schmerz hat eine eigentümlich paradoxe Aufgabe: Er kann Weg zum Glück werden, zu jenem wahren, unvergänglichen Glück, das allein unser Herz erfüllt. Es ist das Glück Gottes, an dem der Mensch, der auf das Absolute hin angelegt ist, schon in diesem Leben teilhaben kann.

Christus hat den Menschen gerade durch sein Leiden die Freude geschenkt – die Freude hier und die unvergängliche Freude im ewigen Leben. In der Verbindung mit ihm können wir Tag für Tag unsere verschiedenen Nöte annehmen und Gott darbieten. Daraus erwächst Freude, für uns und viele andere.

Freude

Die Freude des Christen
gleicht einem Sonnenstrahl,
der auf einer Träne erglänzt,
einer Rose, die blutrot
auf steinigem Grund erblüht;
sie ist die Essenz der Liebe,
destilliert aus dem Schmerz.

Deshalb ist diese Freude
einzigartig, etwas Übernatürliches.
Unwillkürlich zieht sie an;
es ist, als reiße der Himmel auf.

Friede

Der Friede, Herr!
Welch große Eroberung ist doch
der Friede!
Wenn du einem Menschen
den Frieden schenkst,
zöge er es vor,
zahllose weitere physische Schmerzen
auf sich zu nehmen
als ihn wieder zu verlieren.
Denn alle Schmerzen zusammen
wiegen nicht so schwer
wie ein Leben ohne Frieden.

Der Friede ist Frucht des Geistes.
Aber um ihn zu erlangen,
müssen wir auch unseren Teil tun:
Not, Angst, seelische Kämpfe,
Trockenheit, Verwirrung, Versuchungen
aufgreifen als Gelegenheit,
Gott zu lieben.

Nicht nur Schmerz

Es ist nicht wahr, Herr,
dass das Leben nur aus Schmerz besteht.
Es ist nicht wahr, Herr,
dass das Kreuz alle Tage unseres Lebens
überschattet und verbittert.
Gewiss, der Schmerz ist für die,
die dich lieben,
von unersetzlichem Wert.
Aber wer dir folgt,
findet nicht nur Schmerz.
Wenn wir dir folgen,
sehen wir vor allem dich.
Du bist Liebe
und verwandelst jeden Schmerz
in Freude – eine Freude,
die uns mit neuer, nie gekannter Kraft
und Entschiedenheit weitergehen lässt.

Dem Ziel entgegen

Freude und Schmerz,
Trost und Trübsal,
Reue und Auferstehung,
Zulassungen Gottes und sein klarer Wille,
Gewinn und schmerzlicher Verlust,
Beifall der Menschen und Mißachtung,
langsamer Aufbau von Werken
zur Ehre Gottes ...,
wenn auch zwischen „Unkraut" ... –
sofern wir den Herrn lieben,
hat alles immer nur eine Bestimmung,
nur diesen Sinn:
uns hinzuführen zur Einheit mit Gott.

Fotonachweis

Umschlagabbildung unter Verwendung
eines Fotos von Werner Müller

Seite 9: Bernhard Schmitz
Seite 17: Dorothee Kaufmann
Seite 25: Gerhard Eisenschink
Seite 37: Mario Ponta
Seite 43: Hubert Schwaiger
Seite 47: Peter Santor
Seite 53: Matthias Kopp
Seite 63: Brigitte Theilen
Seite 69: Bernhard Schmitz
Seite 75: Andreas Beck
Seite 81: Peter Friebe
Seite 91: Oscar Poss

Inhalt

Aus der Reihe SAATKÖRNER:

Mahatma Gandhi
WER DEN WEG DER WAHRHEIT GEHT,
STOLPERT NICHT
Worte an einen Freund

Gedanken voller Menschlichkeit und spiritueller Tiefe.
Mit einer Einführung von Martin Kämpchen und mit
15 Fotos von Andreas Hoffmann.
128 Seiten, gebunden, ISBN 3-87996-268-5

Regina Betz (Hrsg.)
WER ÄLTER WIRD, SIEHT TIEFER

Ein ansprechend gestaltetes Geschenkbuch für ältere
Menschen. Bekannte und unbekannte „Experten des
Lebens" berichten, wie sie die Tiefendimension des
Alters entdeckt haben.
Texte von Heinz Rühmann, Mutter Teresa, Karl Rahner,
Mark Twain u. v. a.
Mit 7 farbigen und 6 sw. Abbildungen.
164 Seiten, gebunden, ISBN 3-87996-384-3

VERLAG NEUE STADT   MÜNCHEN · ZÜRICH · WIEN